HSU

COMPARING
AN INQUIRY INTO THE GOOD
BY KITARO NISHIDA AND
THE PRINCIPLES OF HAPPINESS,
THE FUNDAMENTAL TEACHINGS
OF HAPPY SCIENCE

# 西田幾多郎の「善の研究」と

# の科学の基本教学「幸福の原理」を対比する

YUHO OKAWA
大川隆法

# まえがき

本書の著者校正を終えて、私の胸の内に、ある種の感動の波が押し寄せてくる。私の内なる精神の闘いの記録と、その原点が明らかにされた一書である。約百年の時空を超えて、二人の日本のオリジナルな根本思想家が相対峙《あいたいじ》している。おそらく哲学研究者からみても、本書は、目から鱗《うろこ》の一冊であろう。こういう形で西田哲学の秘密が解き明かされるということは、かつてなかったことだからだ。

西田の『善の研究』を超える思想として私の『幸福の原理』は打ち出され

た。この新しい思想は、千六百冊を超える著作群となり、世界の五大陸へ、激しい波と変《へん》じて打ち寄せている。

幸福の科学の思想を読んで「学問性がない」と思う学者は、今すぐ辞表を提出するがよい。盲目《もうもく》なる人に色彩の研究は不可能だからだ。これこそが新時代の学問なのだ。

二〇一四年　八月二十二日

幸福《こうふく》の科学《かがく》グループ創始者兼総裁《そうししゃけんそうさい》

幸福《こうふく》の科学大学創立者《かがくだいがくそうりつしゃ》　大川隆法《おおかわりゅうほう》

# 西田幾多郎の「善の研究」と幸福の科学の基本教学「幸福の原理」を対比する

目次

# 西田幾多郎《きたろう》の「善の研究」と幸福の科学の基本教学「幸福の原理」を対比する

二〇一四年八月十九日　説法
東京都・幸福の科学 教祖殿 大悟館にて

# 西田幾多郎《きたろう》の「善の研究」と幸福の科学の基本教学「幸福の原理」を対比する

二〇一四年八月十九日　説法
東京都・幸福の科学　教祖殿　大悟館にて

# 1　幸福の科学の出発点と、その前夜の思想形成を語る

## 幸福の科学の「助走部分」にある原点に迫る

今日は、幸福の科学の教義が編《あ》まれてくる過程での出発点に当たる部分の基本教義と、その前夜頃の思想形成に関係する話になるかと思います。

宗教として突然始まったようにも見えますが、その助走部分はやはりあったわけです。このあたりのところは一部、語ったり、本に書いたりしたものもあ

りますが、今回はあえて、その原点の部分を捉《とら》えて、話をしてみたいと考えています。

基本書としては最初のものに当たる『太陽の法――エル・カンターレへの道――』という本があります。法シリーズは現在二十巻出ていますが、そのなかの第一巻です。霊言集とは別に理論書シリーズを持っているのですが、これが、当会の基本的な教義等を積み重ねている部分です。

このなかでも、『太陽の法』と、二番目に出た『黄金の法』、それから三番目に出た『永遠の法』の基本三部作というのが、だいたい、当会の教義を扱う意味では、非常に重要だとされていますし、いちばんよく読まれている本でもあろうと思います。

『太陽の法』の最終章である第6章「エル・カンターレへの道」のなかで、私の子供時代から学生時代の話についても触れていますが、そのなかで、学生時代の自分の思想の形成についても少し語っています。これ以外にも、別のところで、哲学者の西田幾多郎《きたろう》についても語っています。また、『黄金の法』でも、東洋の思想等について、かなり語っているところがあります。このあたりのところについて、もう少し詳しく話してみたいと思います。

## 日本初の独創的な哲学者となった西田幾多郎

今日は、岩波文庫から出ている西田幾多郎の『善の研究』を持ってきました

（同書を手に取り、聴聞者《ちょうもんしゃ》に紹介する）。

私は、『善の研究』を何種類か持っていますが、これは、私が持っているもののなかで、おそらく、いちばん古いものだと思います。一九五〇年一月十日第一刷発行、一九七五年十二月二十日第四十五刷発行のもので、定価二百円です。

一九七五年十二月二十日発行ですから、私は、おそらく一九七六年ぐらいに読んだものだろうと推定します。二十歳《はたち》になる前後、十九から二十ぐらいの前後に読んだものと思われます。

西田幾多郎は、『善の研究』で一応、有名ではあります。この初版本が出たのは明治四十四年です。明治は四十五年までしかありませんので、ちょうど、明治の終わりから大正にかかる頃に出て、そのあと、大正と昭和と、版を重ねていくわけです。

時代背景としては、夏目漱石《なつめそうせき》が『こころ』という小説を書いています。これは、「私」という主人公と、その主人公に語りかけている正体が不明な「先生」という人が知り合った話であり、その先生は、明治大帝の崩御《ほうぎょ》に殉死《じゅんし》するかたちで亡くなり、遺書を残すという小説になっています。

『こころ』は、漱石の作品のなかでも、いちばん人気のある本で、いまだに、好きな小説のアンケートを取るとベスト5には必ず入ってきます。『善の研究』は、その『こころ』と似たような時代背景に書かれて、同じぐらいの部数が売れたのではないかと言われています。

ただ、それほど易しい本ではありません。明治時代の最後の頃の文体で、今から百年あまり前のものなので、文体的にはやや難しいのです。また、西田幾多郎自身は、書きながら考えるタイプの人、すなわち、「書いては考え、書いては考え」というタイプの人であったために、重厚《じゅうこう》な文体で書いており、それほど分かりやすい本ではないと思います。

難しい本ではありますが、明治の終わりに出されて、大正期から昭和期の学生をはじめ、文化人等にも数多く読まれ、影響を与えた本の一つです。

『善の研究』は、もともと、第四高等学校（金沢大学の前身）の講師から教授をやった頃の、倫理学か何かの講義の草稿・原稿からできていると言われています。西田幾多郎の三十代後半ぐらいに当たる頃につくられた思想です。

文体としてはそこそこ難しく、なかなか読み取りにくい部分があると思います。二十歳前後の私が読んだときも、そこそこ難しく感じるものはありました。しかし、現在、私は、西田幾多郎がこの原稿を書いたであろうと思われる年齢から二十年ほど長生きしており、勉強や経験、思索《しさく》のレベルとしては、かなり変わっているものがあります。二十歳の頃に読んで感じたものと、今、五十八歳になって読んで感じるものとでは、かなり違うものがあるのです。

文体としては難しいのですが、はっきり言うと、「思想のレベルとしては、かなり超えているかな」と自分では思っています。

私が書いている本は、布教用に分かりやすく、いろいろと書いているので、必ずしもそのように読み取れないかとは思いますが、西田幾多郎の哲学はもう超えていると、自分でははっきりと自覚しています。

それは決して『善の研究』を貶《おと》めるつもりで言っているわけではありません。

西田幾多郎は、日本の哲学としては、オリジナリティー、独創性のある哲学者として初めて認められた方ですし、国内でも海外でも有名な方です。

## 「オリジナルの根本思想を説く人」と「二番煎《せん》じの思想家」との違い

『善の研究』は、一読して感じるところですが、今、考えられているところの学問というか、学術論文あるいは学術書という体裁《ていさい》とはいささか違う面があります。もちろん、書き言葉で書いているものではあります。

今は、学術書や学術論文には、必ず、いろいろと引用したものを、「注」のかたちでたくさん後ろにベタベタと付けて、「どこから引用しました」というのが分かるようにしています。権威のある先生の名前とか、書名とか、あるいはページ数とか、引用を付けて書くのが学問性のある書き方ということで指導されていると思うのですが、この『善の研究』には、注は一つも入っていません。

つまり、全編、西田幾多郎が考えて、書き下ろした思想そのものなのです。何にも注はありません。本文中に、ときどき、哲学者の名前、あるいは、本の名前がチラチラとは出てきますが、基本的に、「ここから引用した」という注は一カ所もありません。

これが、「彼の思想はオリジナリティーがあって、独創的だ」と言われる理由の一つでしょう。考える人であって、「考えつつ思想を紡《つむ》ぎ、書きつつ考える」という人であったために、日本で初めての独創的な哲学者が出来上がったと思うのです。

この方法自体は、基本的に私も同じです。私は、数多く本を書いており、そのなかで、「他の著者や他の本は、こういうことを言っている」と言及することはありますが、巻末に注で、いろいろな引用元を示して、論文を作成するように本を書くということはありません。

要するに、「自分の考えとして述べている」ということです。

「それは学術的ではない」と思う人は、二番煎《せん》じの学問を「学問だ」と思っている人であって、オリジナルというのは、だいたい、こういうものです。自分の頭から紡ぎ出していった思想を語り、それが本になったものが、オリジナルなのです。古代の哲学者もみな、そうだと思います。

「それを研究し、つなぎ合わせて論文として書き、学位論文など、いろいろなものとして認められる」というのは、そういう論文の書き方の指導を受けて綴《つづ》られた論文ないし本であるということで、「二番煎じ以降の思想家の思想と、オリジナルの根本思想を説く人の思想とは違うのだ」ということは知っていただきたいと思います。

そういう意味で、「学術論文風に引用がないから学問性がない」とは言えないわけです。『善の研究』には、そういう意味での引用は一切ありません。「幾《いく》つかの哲学者の名前や思想について、彼なりの考え方を紹介しながら、意見を言う」というかたちになっていますが、大部分は、彼が自分自身で考えたものなのです。

## 「禅」との関係が深い西田哲学

西田幾多郎は、金沢時代、禅もやっていました。禅をして●公案《こうあん》を考えている時間帯にいろいろと考えたものが、ベースとして入っているのでしょう。金沢時代だけでなく、京都時代にも参禅《さんぜん》していると思いますが、そのあたりがもとになっているのです。

●公案　禅定で、修行者が悟りを開くために与えられる問題。

当会にも公案研修がありますけれども、禅においては、いろいろな引用文献を読むだけではなく、一つのテーマを与えられることもありますが、公案について考えをずっと深めていきます。そして、自分なりに「答えが見つかった」と思うときに、指導する和尚《おしょう》に、「答えはこうだ」と言って、それが透過《とうか》するかどうかが試されるのです。透過というのは、「通過」という意味です。

透過した場合、要するに、「この人は看破《かんぱ》して、自分なりに答えをつかんだ」と見えたとき、禅では、「見性《けんしょう》した」と言われます。これは、「自分の仏性《ぶっしょう》に出合った。まみえた」という意味です。

禅宗《ぜんしゅう》風の言い方ですが、これは、ある意味で、「悟った」ということだし、仏陀の時代の言葉で言えば、「阿羅漢《あらかん》の悟りを得て、アルハット（arhat：阿羅漢のこと）になった」ということです。

そういうことをやっていたわけで、西田哲学の元《もと》も、禅での修行が出発点にはなっています。

西田幾多郎は金沢出身ですが、学生時代の友達の一人に、のちに禅で有名になった鈴木大拙《だいせつ》という人がいます。鎌倉の円覚寺《えんがくじ》のほうで、九十五歳ぐらいまで頑張って禅を広げ、英語でも本を書いて世界的にも広めた人ですが、この人が友人です。そういう意味で、西田幾多郎は、禅との関係が非常に深かったと思います。

## 二十歳前後にして、西田哲学と思想的に対決する

西田幾多郎の本は、『善の研究』以外にも、『思索と体験』『続《ぞく》思索と体験』がありますが、これらは、宗教哲学に関係する部分でもあります。つまり、「宗教」と「哲学」にまたがった部分であるので、その基本的な思想といいますか、キーワードに当たる部分について、私は、二十歳前後の頃、考えていました。

そのことは一部、私の著書に書いてあります。当時、私は世田谷区の東松原に下宿《げしゅく》していました。近くに羽根木《はねぎ》公園という、梅の木が七百本ほど植わって

いる公園があり、その梅林《ばいりん》が有名なのですが、私は、もちろん、梅の季節だけではなく、いろいろな季節に、その公園を散策《さんさく》しながら考えを深め、西田哲学と対決したのです。

大悟《たいご》したのは一般には二十四歳と書いていますが、二十歳前後には、もう、西田哲学のなかの仏教哲学と思想的には対決に入っていたということです。彼の悟りというべきもの、あるいは、その後、哲学として昇華《しょうか》したものの本質について、考えを巡《めぐ》らせていたということは言えるのではないかと思います。

西田幾多郎は、参禅の経験もあり、また、自分で考え考え、書いていった人です。そのことを理解できる人もあり、理解できない人もいると思いますが、結局、私自身はどういうことを考えていたかというと、『太陽の法』にも書いてありますが、例えば、「純粋経験《じゅんすいけいけん》」についても考えていたし、もちろん、「善とは何か」ということも考えていました。

それから、神や宗教、実在あるいは主客《しゅかく》の別についても考えていましたし、『善の研究』には書かれていませんが、西田の哲学として、「一即多《いっそくた》・多即一《たそくいつ》」の悟りや、「絶対無《ぜったいむ》」の思想などについても考えを深めていました。「これは、どういうことを意味するのか」ということを考えながら、散策していました。秋の夕暮れを眺《なが》めたり、雪をかぶった梅林のなかを歩いたり、咲いている梅の花を眺めたりしながら散策し、考えていたのです。

法学部の学生としては、少し異色《いしょく》であろうと思いますが、哲学青年でもあったということです。

## 哲学者たちの思想に影響を受けながら独自の思想を育《はぐく》む

私に影響を大きく与えた哲学としては、この西田幾多郎もそうですが、ほかに西洋哲学では、やはり、プラトンやヘーゲル、ハイデガー、それから、ハイデガーの弟子であり、政治哲学のほうで近年有名になったハンナ・アーレント等です。こうした人の影響は受けていると思います。

また、哲学とは言いかねるかもしれませんが、幸福論としては、カール・ヒルティの影響は、そうとう受けています。

例えば、『黄金の法』は、歴史論・時間論として取り上げられていますが、当然、ハイデガーの『存在と時間』（『有《う》と時《とき》』とも訳される）の影響を受けているところもあります。

『太陽の法』にも、禅の悟りから仏教的な悟りの部分を背景に持っているところがあります。そういう意味で、自分の思想と西田の思想をぶつけ合いながら、考えていた時代があります。

その頃は、まだ、自分としては、愛についての考え方が中心でした。『太陽の法』には、「愛する愛」「生かす愛」「許す愛」「存在の愛」という「愛の発展段階説」が書いてありますが、こうした愛の発展段階説などを中心に、「愛」について考えていたことが多かったのです。これと、悟りの段階とを対比させながら、自分なりの独自の思想を育《はぐく》んでいた時代であったかと思います。

# 2　西田哲学の本質とは何か

## 個人が経験するのではなく、経験が個人をつくる

今日のテーマは、「西田幾多郎《きたろう》の『善の研究』と幸福の科学の基本教学『幸福の原理』を対比する」ですが、幸福の科学の教えは非常に多いので、簡単には分からないという人も多いとは思います。

ただ、教えの輪郭《りんかく》そのものは、最初から出ています。

私は、一九八六年十一月二十三日、第一回の座談会を行いました。テーマはありませんでしたが、のちに「大川隆法第一声」というかたちで出されています。

実際上、フォーマルに講演をしたのは、一九八七年三月八日、牛込《うしごめ》公会堂にて、全国から集まった四百人ほどの会員に対して、「幸福の原理」という講演をしたのが最初です（同講演は『幸福の原理』〔幸福の科学出版刊〕第一部に所収）。

「この第一回講演会の『幸福の原理』において、その後、三十年近い教団の教えの方向性と枠組みを提示した」という意味では、ある意味でのかたちはできていたと言えます。

今日は、このあたりの関係について、話をしてみようかと考えています。

西田幾多郎の思想をあっさりと割り切ってしまうのは、数多くの哲学者に対して少し酷《こく》なので、ある程度、距離を取りながら言わざるをえないとは思っていますが、結局、彼の言いたいことは、「個人があって経験があるのではない。経験があって個人があるのだ」ということです。

明治以降、西洋近代化が始まって、西洋の思想の波に日本全体が覆《おお》われ、西洋的方式というか、考え方に、みな、猫も杓子《しゃくし》もついていくような状況のなか、「精神性というか、個人の質を高める」というところで自我の揺らぎが起きていて、「これを取り戻すために、どうするか」ということが、意外にテーマになっていました。西洋的伝統のなかに埋没《まいぼつ》しかかっていた時代があったのです。

新渡戸稲造《にとべいなぞう》も、『修養《しゅうよう》』など、いろいろな本を書いていますが、これも、「個人的なエートス（持続する精神状態）をどうやって守るか」という部分でしょう。封建《ほうけん》時代・武士の世《よ》が崩壊したあと、個人として、心のなかで守るべき精神というものが押し流されて、消えかかっていて、「何とかして、それを見つけ出さなければいけない」という感じが強かったわけです。

これについて、西田幾多郎は、「西洋的な個人主義に押し流されていく流れのなかで、個人がみな自我を発揮して自己実現に励んでいくだけが、近代あるいは現代の原理としての思想のあり方ではない。あくまでも、個人というものはあるけれども、『個人』と呼ぶような個人があって経験し、思想ができるのではなく、経験をすることによって、その経験が個人をつくるのだ。自分が経験したことでもって、『自分とは何であるか』ということを初めてアイデンティファイ（自己確認）するのだ」ということを言ったのです。

つまり、自分の名前や職業、生まれ育ち、学校など、そういう客観的なデータだけで自分を知ろうとする考え方ではなく、「『個人がいったい何を経験してきたか。要するに、経験を通じて、何を精神的なものとしてつかんだのか』ということが、実は個人をつくっているのだ。だから、個人というのは、個人が経験するのではなく、経験が個人をつくりだすのだ」という考え方なのです。

ここで、ある意味での一種の逆転が起きているわけです。「人間という主体があって、その主体が動いて、いろいろな経験を積んでいって、歴史になる。個人としてのヒストリーができる」という考え方が、肉体五官を中心とした考え方としては、基本的には当たり前になっていると思いますが、「そうではない」ということです。

「肉体の五官を通じて『主体がある』と思っている、その肉体のほうが主体ではない。この世において経験していく経験を通じて、何らかの精神的なるものを身につけ、エートスともいうべき持続的な精神状態を持つ。要するに、信念なり、宗教的思想なり、信条なりを持ってくる」ということです。

大きく言えば、こういう思想ですが、小さく言えば、「精神的な主義・方針のようなものを、経験を通じて体得することによって、個人というのが初めて出来上がってくるのだ」ということです。

これには、「肉体と精神、精神と肉体、どちらが先か」という話のようなところもあります。確かに、肉体が生きて経験を積んでいるわけですが、肉体を主体として見るのではなく、その過程で出てくる経験を主体として、「自分自身が何であるか」ということを知るわけです。経験が個人をつくるということです。

経験という面を捉《とら》えれば、各人それぞれ違います。「経験を語れ」と言われたら、すべて同じ経験をしている人はいないのです。つまり、「経験を語るなかに人間としての違いが出てくる。これが個性である」という考えです。西田哲学には、ここのところを引っ繰り返して、〝倒置《とうち》〟している部分があります。

## 『無門関《むもんかん》』に登場する「無字《むじ》」の公案《こうあん》に参禅《さんぜん》する

さらに、西田幾多郎は、坐禅《ざぜん》の修行をして公案《こうあん》を参究《さんきゅう》していた過程において、いろいろと感じることが多かったのだと思いますが、一応、「参禅《さんぜん》して『無字《むじ》』の公案を透過《とうか》し、見性《けんしょう》した」ということになっています。

「一度目、見性して、そのあと一回取り消され、もう一度、見性する」ということを繰り返すのですが、それで、坐禅としての悟りは一応通過しています。そのあと、京都帝国大学のほうに移り、いよいよ、哲学のほうに入っていくことになります。無字の公案を通過したあと、禅宗《ぜんしゅう》的な悟りから離れ、「哲学としての悟り」のなかに入っていこうとするわけです。

この「無」ということについては、私も、ときどき語ったことがあります。『無門関《むもんかん》』という禅宗の公案集があります。これは、無門慧開和尚《むもんえかいおしょう》が書いたもので、四十八則の公案について、それぞれ、「公案に参禅した人の答えを、師匠《ししょう》に当たる人が聞き、認めるか認めないか」というやり取りをまとめたものです。

例えば、趙州和尚《じょうしゅうおしょう》に、ある僧が「狗子《くし》に還《かえ》って仏性《ぶっしょう》ありや、また無しや」と問うものがあります。狗子とは、犬の子という意味です。「犬の子として生まれて、人間のように仏性はあるか、あるいは無いか」ということです。

これに対して、「無」、つまり「無い」という趙州の言葉があるわけですが、

●無門慧開（1183 ～ 1260）中国・宋の時代の禅僧。西田幾多郎の過去世の一つである。
●趙州（778 ～ 897）中国・唐の時代の禅僧。

同じ「無」と答えて、ある人は「透過した」と言われても、ある人は「透過していない」と言われます。

師匠に当たる人が、その人の心境、修行態度、心の状態、言葉の響き等から看取《かんしゅ》して、「見性した」、すなわち「自分の本分を見切った」「自分の仏性をつかんだ」と認めれば、一応、印可《いんか》が与えられ、「悟りを開いた」ということになるわけです。

こうした、趙州和尚で有名な、「無字」の公案というのがあります。

## 釈迦《しゃか》仏教の「三法印《さんぼういん》」と「空《くう》」の思想

これは、釈迦《しゃか》仏教に戻ると、何に当たるのでしょうか。

仏教には、三法印《さんぼういん》と言って、「諸行無常《しょぎょうむじょう》」「諸法無我《しょほうむが》」「涅槃寂静《ねはんじゃくじょう》」という教えがあり、これが仏教の旗印《はたじるし》であると言われています。

諸行無常とは、「川の流れのように、人生は変転して、変化してやまないものである」という考えです。

諸法無我とは、「ありとあらゆるものは、壊れていく性質を持っている。地上にあるものはすべて滅《ほろ》びていく。どのような家であっても滅び去っていくし、肉体もまた滅び去っていく。すべてのものは滅び去っていって、この世的な肉体や物質、物体に執着《しゅうちゃく》しても、何ら永遠なるものはないのだ」という考え方です。

涅槃寂静についての説明の仕方はいろいろとありますが、禅家《ぜんけ》の人たちに分かる言い方で言えば、それは、電球のついていない禅寺の庵《あん》のような薄暗闇《うすくらやみ》のなかで、坐禅をし、静寂《せいじゃく》な「寂《じゃく》」にある状態ということではありません。そう捉えているようですが、それは、実在の世界について明確な説明ができないからでもあるでしょう。そうではなく、「この世界に住んでおりながら、この世界を超えた、自分自身の絶対的存在のなかに参入していく」ということを、涅槃寂静と呼んでいたのです。

これは、「ろうそくの炎を吹き消すように、煩悩《ぼんのう》の炎を吹き消した状態」というように訳されることも多いのですが、煩悩を吹き消した状態とは何なのかが分からないために、宗教家や宗教学者たちがいろいろな説を唱《とな》え、そのなかで、仏教を唯物論的に捉えていく向きも、流れとしては出てきました。

現代日本だけでなく、インドにおいても、釈迦没後、百年、二百年もしたら、すでに、そういう流れがけっこう出てきています。当時も、あの世がよく分からない人たちはかなりいたということです。

これが有名な三法印ですが、もう一つ付け加えて「四法印《しぼういん》」というかたちにすると、諸行無常、諸法無我、涅槃寂静に加え、「一切皆空《いっさいかいくう》」と言って、「すべてのものはみな、これ空《くう》である」という教えが出てきます。

一切皆空の「空」の思想は、大乗《だいじょう》のほうで中心的に出てくるものです。文殊《もんじゅ》菩薩《ぼさつ》を中心とした大乗運動のなかで、空の思想が出てくるわけです。

この空の思想は、単なる「滅《ほろ》び」だけの思想ではありません。その背景には、

「この世にあるものは、実際はないけれども、それは空の状態であって、実質上、仏の光が、仏の創られたエネルギーが、そういう〝磁場《じば》〟が満ちている」というような考えがあるのです。

## 仏教は必ずしもニヒリズム（虚無《きょむ》主義）ではない

ただ、響きとしては、いわゆる「無」という思想と非常に似た響きは持っています。

そのため、仏教の基本思想から、ニヒリズム、虚無《きょむ》主義を取り出してくる人もいます。昔は、深い編笠《あみがさ》を被《かぶ》り、尺八《しゃくはち》を吹きながら歩く「虚無僧《こむそう》」をよく見かけましたが、仏教は、ニヒリズム、虚無主義によく似たものだと取る人もいるのです。

西洋で言えば、ショーペンハウエルという思想家がそうです。キルケゴールとともに、「実存主義」の走りと言ってもよい人で、この人は、仏教思想の影響を非常に受けているわけですが、基本的には、仏教思想のなかの虚無主義の影響を大きく受けているように思います。

そういう意味で、彼は、非常にペシミスティック（悲観的）な仏教思想を書いていています。また、ショーペンハウエルも幸福論を書いていますが、やはり、ペシミスティックなものと思われます。人生に対する苦悩や不安を中心とした哲学を説いているわけで、仏教の影響をそうとう受けているものの、どちらかと言えば、虚無的な思想のほうに惹《ひ》かれていたのではないでしょうか。

これについては、「ショーペンハウエルの母親は、自分のことを『天才だ』と思っている人だった。ところが、ショーペンハウエルが『自分が天才だ』と言うので、『同じ時代に、同じ家に、天才が二人いてたまるか』ということで、母親から『天才は母親の私だから、おまえが天才なはずがない』と言われ、二階に上がる階段から突き落とされた。子供時代のそういう体験から、ショーペンハウエルは虚無主義に陥《おち い》ったのだ」という話も、エピソード的にはあります。

何らかの家庭的な背景もあったように思いますが、ショーペンハウエルは、仏教思想の影響もかなり受けているのです。

ただ、仏教の持っている虚無的な部分、ニヒリズム的な部分に流れていくところについては正確にキャッチしているものの、確実に仏教思想をつかんでいるとは言いかねる部分はあります。

## 仏教における「無の思想」の源流とは

そういうものがありますが、「無の思想」というのは、もともと仏教的には、どういうものなのでしょうか。

それを知るには、ガンジス河を思い浮かべていただければよいでしょう。悠《ゆう》久《きゅう》のガンジス河が流れています。海のような広い河です。その、すべてを流していくガンジス河のほとりに、ガートと言って、階段状になっている所があります。

そこで沐浴《もくよく》するわけですが、その少し上流では、金ピカの布にくるまれて担《たん》架《か》のようなもので運ばれてきた死体を火葬《かそう》して、その灰を流しています。一方、少し下流では、河の水で顔を洗ったり洗濯したりなど、生活用水としても使っているような状況なのです。

衛生上は非常に汚い状況ですが、インドの人たちは、「ガンジス河で一メールも流れたら、一切のものはすべて消え、清浄《しょうじょう》、清潔な状態になるのだ」というような思想を持っているわけです。

そのように、「この世に存在しているものが、形あるものから形なきものへと変わっていって、その根拠をとどめなくなる」というところに、仏教における無の思想の源流はあったかと思います。

## 「無字」の公案を透過し、「純粋経験《じゅんすいけいけん》」の境地へ

「無」と「空」と二つあるわけですが、西田幾多郎は、釈迦の時代から見ると数百年以上あとのことになりますけれども、趙州和尚が提唱している「無字」の公案を透過したのだろうと思います。参禅しながら、「無とは何か」を超えたわけです。

そのあと、彼は哲学に入っていって、禅宗のほうから少し離れていき、「純《じゅん》粋経験《すいけいけん》」ということを語るようになります。

純粋経験とは、「主客未分《しゅかくみぶん》以前の本来の姿」という言い方です。少し難しいですが、主客とは、「主体」と「客体《きゃくたい》」ということです。「自分」と「対象」、あるいは「人」と「物」というように言ってもよいでしょう。「自己」と「それに対比される他のもの」ということです。

このように、主客の両方があって、ここから、「自分があって他がある」、あるいは「人があって物がある」という認識が生まれるわけですが、彼は、「他を認識して、『自分は今このように考えている』と思う以前の自己」という部分を、哲学思想のなかで紡《つむ》いでいくわけです。

別の話で言い換えてみましょう。例えば、赤いバラの花があるとします。「なぜ、あなたは、そのバラの花は赤いと思うのか」と言われたら、みなさんは、「それは子供時代、母親から、こういう色のバラの花は『赤い』と教わったからだ。だから、このバラは『赤い』と表現している」と答えるかもしれません。

しかし、母親から、「それは赤い」と教わる以前にも、そのバラの花を見て、何らかの印象を持っているはずです。つまり、印象は持っているけれども、「それは赤い」と表現ができないままに、それを認識しているのです。さらに、その、「赤いバラを見ている自分」も認識しています。

これは、主客が分かれてきた認識の過程において、そのように分かれてくるのですが、それが分かれる前の自分、要するに、「これは『赤い』という表現で表すべきバラの花である」と分かる前に、すでにそれを見ていて、その景色《けしき》のなかに存在している自分があるわけです。

「それは赤いバラの花である」ということを表現する手段・方法を持つ以前も、実は、見ているものは同じです。同じものを見ているけれども、それを叙《じょ》述《じゅつ》できる言葉を持っていないだけのことなのです。

「色が分かる」ということだけでなく、「音が聞こえてくる」ということについても、同じことが言えます。

音楽が聞こえてくると、私たちは、「これはバッハの音楽だ」「これはモーツァルトの音楽だ」「これはベートーベンの音楽だ」というように曲を認識しますけれども、音の振動が鼓膜《こまく》に伝わって脳で認識し、「これは○○の曲だ」という判断をする以前に、すでに音楽の調べは流れています。

そして、音楽の調べが流れていても、それを表現する形式として、言葉を持っていなければ、それを表現することはできません。

表現することはできないけれども、音楽が存在していないわけではありません。すでに音楽としては存在しています。その調べ、メロディーは存在しているのです。

このように、「『色とか音とかは、こういうものだ』と叙述できるかたちで認識できる以前に、すでに存在することを知っている自分」と、「その客体であるところの相手のもの、自分と対比される存在」とは、渾然一体《こんぜんいったい》として、すでに存在しているわけです。

彼は、禅の体験をして、哲学のレベルで、それを「純粋経験」という言葉で表すようになります。

純粋経験とは、結局、「自分対自分と相対比《あいたいひ》されるもの」という関係で起きた関係学を、明確に自覚的に叙述できるかたちでの体験を積む、実際上の経験より以前の段階で、すでにすべてがある段階の、その悟りのことを言っているのです。

## 純粋経験とは、唯物論と唯心論を超えた「絶対無《ぜったいむ》」の世界

これは、難しい言葉で言えば、「唯物論と唯心論の彼方《かなた》にある世界というか、奥にある世界について言及しているものである」と考えてよいでしょう。

「この世は物だけでできている」という考え方は、「唯物論」です。これに対して、「唯心論」という言葉があります。「すべては心から出来上がっている」「この宇宙で何が起ころうとも、もし人間の心がなかったら、それは起きなかったのと同じだ」ということです。

これは、禅の公案のなかにもあります。例えば、「人一人いない山のなかで木が倒れたとき、ガサッと倒れる音は存在するかしないか」という公案があります。

客観的に見れば、森のなかで木が倒れたら、音は出ているでしょう。しかし、それを聞く人がいなかったら、その音は無いのと同じです。

その意味で、唯心論的に言うと、「感覚器官を持っていて、それを知覚する主体としての人間が存在しなければ、宇宙は無いのと同じだ」ということです。

マゼラン星雲《せいうん》であろうが、太陽系であろうが、月であろうが、金星であろうが、土星であろうが、土星の輪であろうが、宇宙船を飛ばして探検すれば、それらしきものはあるけれども、それを認識する人間がいなかったら、それらは無いのと同じであるということです。

こういうことが言えるわけで、唯心論的に言うと、「心があって、すべてのものがある」ということです。

街中にいて、たとえ、山のなかで一輪のスミレの花が咲いている様子を想像して、美しいと感じることができても、その心があってこそ、「山のなかで、スミレの花が咲いて美しい」という事実が存在するのであって、その心がなかったら、実際は無いのと同じだということです。

これが、唯心論的な考え方です。

「絶対無《ぜったいむ》」の思想のなかには、おそらく、この唯物論・唯心論を超えた世界があると思います。

西田幾多郎は、「無字」の公案を透過したあと、「絶対無」の世界を説いていくわけですが、これは、はっきりとしています。本人の自覚がどこまであったのかについては分かりませんが、現代的に言うとすれば、おそらく、次のようになるでしょう。

宇宙を見れば、暗闇が大部分で、星が所々に光っているぐらいの世界ですが、その星々は、実は、はるかなる昔に光を放《はな》っているのです。例えば、オリオン座のある星は、地球に光が届いている現在には、すでに存在しないのではないかという説もあるぐらいです。ものすごく遠い距離から光が届いているため、すでに無い星であっても、今、見えていることもあるのです。

あるいは、「今から百三十七億年とも八億年とも言われる昔に、ビッグバンがあって、宇宙の一点が爆発し、宇宙が広がった。宇宙のインフレーションが起きて、宇宙は膨張《ぼうちょう》しているから、星々は遠ざかっている。宇宙はずっと遠くに向かって広がっているのだ」ということが、今、言われています。

では、ビッグバン以前の宇宙は何だったのかということを考えると、「絶対無」の思想というのが出てくるわけです。「それが有るか無いか」という二者択一《にしゃたくいつ》の世界観より前の世界です。

つまり、「相対的な無」「有無の無」ではなく、その奥にある「絶対無」の世界について瞑想《めいそう》するのです。
現代的に言えば、例えば、「ビッグバン以前の宇宙とは何か」、あるいは「ビッグバン以前の自己とは何か」という公案を出されたとしたら、それは、おそらく、絶対無の公案になるだろうと思います。

「父母未生《ふぼみしょう》以前の自己」とは、
前世でいろいろな経験をしている自分

『無門関』四十八則のなかでは、「父母未生《ふぼみしょう》以前の自己」という公案があります。人間には父と母があり、それで子供が生まれてきます。自分自身が生まれるに当たっては、必ず両親が存在するわけですが、禅の公案としては、「父母が人間として生まれる以前の自分は何なのか」という公案が出されることがあるのです。

これを、答えが出るまで、一生懸命にウンウンと考え続けるわけですが、なかなか透過しない公案ではあるでしょう。

当会の宗教思想を勉強した人であれば、「自分の父母が生まれる前の自己ですか？　ああ、それは、霊界で魂《たましい》として存在し、その前の前世《ぜんせ》があって、いろいろな経験をしている自分でしょう」ということは言えると思います。

実際、釈尊《しゃくそん》は、人生相談や悩み相談に乗ったときに、今、私がしているような過去世《かこぜ》リーディングもしていたので、「なぜ、そういう現象が今、起きているか」ということについて、その人の前世に遡《さかのぼ》り、そして、原因・結果の法則についてよく述べていました。

## ・釈尊のカルマ・リーディング①
## ――前世のカルマで、目が見えなくなった長老弟子

『ダンマパダ（法句経《ほっくぎょう》）』という、詩篇《しへん》のようなお経《きょう》が有名ですが、これは、初期に説かれた釈迦自身の言葉であろうと推定されているものです。この『ダンマパダ』成立に当たっての縁起譚《えんぎたん》というか、因縁譚《いんねんたん》を読むと、釈尊がカルマ・リーディングのようなことをやっていたことが書かれています。

例えば、釈尊の弟子のある長老が、アルハット（阿羅漢《あらかん》）の悟りを得たはずなのに、年を取ったら、目が見えなくなってしまいました。

ほかの人たちが、「この人は阿羅漢の悟りを得たのに、どうして目が見えなくなったのですか。おかしいではありませんか」という質問をしていますが、それに対して釈尊は、その人のカルマ・リーディングをして、次のように答えます。

「この人は、前世、医者として生まれている。あるとき、婦人を治療して代金を請求したところ、すでに薬を出して病気が治ってしまっていたので、お金を払ってくれなかった。いわゆる踏み倒しをされ、悔しかった。そこで、さらに薬を処方《しょほう》して、『これを飲むとよい』と言って薬を渡した。ところが、その薬は、相手の体に有害で、相手を傷つけるような内容を持っていた。そういう因縁があって、そのカルマから、現世《げんせ》において今、『目が見えなくなる』という現象が起きたのだ」。

こういう話が、『法句経』の〝表面〟には出ていませんが、『法句経』が出来上がった因縁譚のほうには出ています。つまり、詩篇が書かれている〝裏〟には、実際に実在した会話があって、釈尊が、その結論の部分として語ったものが、偈《げ》としてまとめられ、『法句経』として遺っているわけです。

## ・釈尊のカルマ・リーディング②
### ――嫉妬によって人間関係の不調和を起こした女性

あるいは、カルマ・リーディングとして出ているものを見ると、例えば、人間関係で、非常に嫉妬《しっと》深くて困っている女性の話も出てきます。実は、前々世《ぜんぜんせ》の話まで出てきます。

「あなたは、前々世で、ある人と結婚して、奥さんになったが、子供ができなかった。しかし、跡継ぎがいないと困る家だったので、少し寛容なところを見せて、『私は子供が生まれないから、若い嫁《よめ》を娶《めと》ってください』と言って、いわゆる後妻《ごさい》に当たる人を認めた。そして、若い人を入れ、その人に『実際に子供ができて、お腹《なか》が大きなってきたら、教えてくださいね』と言った。

その後妻は、『奥さんは自分を呼んでくれ、嫁として入れてくれた人だから、親切な人だろう』と思い、妊娠《にんしん》したら、『私はこのようにお腹が大きくなりました。おめでたです』と伝えた。しかし、堕胎《だたい》する薬をいつの間にか混ぜて飲まされ、死産《しざん》した。こういうことが三回ぐらい続いて、とうとう二人の間は、ものすごく険悪《けんあく》な関係になっていった。

その後、人間としての人生が終わり、次の世《よ》に生まれ変わり、片方は雌猫《めすねこ》として生まれ、片方は雌鶏《めんどり》として生まれた。そして、雌鶏が卵を産《う》むたびに、雌猫が来て、その卵を取って食べるということが繰り返された。

そういうことを経験しているが、前世でのカルマの追体験《ついたいけん》を、今度は、猫と鶏という関係で、逆の立場になって、体験させられたわけだ。

あなたがたには、そういう過去の因縁がある。過去世における二回のそういう体験があって、現在、人間関係で不調和が起きているのだ」。

釈尊は、こうしたことを言っています。

これに関する偈というか、釈尊の詩篇に当たるものが、「恨みによって、恨みはやまず」という句です。「憎しみを燃え上らせることによって、憎しみをとめることはできない。ただ恨みを捨てることによって初めて、恨みがやむ」ということで、『法句経』のなかでも、有名な句です。

現代の人たちは、これを戦争と平和のことと捉え、「争いによって、争いがやむことはない。相手に攻撃されたからといって、仕返ししたりすると、戦争が延々と続く」というかたちで、よく使っていることが多いのですが、因縁譚から言えば、今述べたような過去世を持つ奥さんの葛藤《かっとう》からきている偈なのです。

## 過去・現在・未来の三世《さんぜ》を見通《みとお》せた釈尊

私は、ときどき、過去世リーディング、カルマ・リーディング、病気リーディング等をしていますが、釈尊もそれをしていたのです。彼は、過去・現在・未来という三世《さんぜ》を見通《みとお》す力を持っていたのです。

しかし、普通は、禅の公案で、「父母未生以前の自己、すなわち、自分の両親が生まれる以前のあなたは何だったか」ということを問われたら、答えられないでしょう。霊能者でなければ分からないのです。この質問をしている人自身が分かっているかどうかも分かりませんが、釈尊はそれを分かっていたのです。仏典を読めば、少なくとも、それを分かっていたということは見えています。これは、後《のち》の世《よ》の人にとっては非常に難しい公案ですが、要するに、答えは、今述べたようなことです。

ただ、禅では、それに対して「無《む》」と言ったり、「空《くう》」と言ったり、いろいろなことを答えるのだろうと思います。分かったような、分からないような答えで、試験官も試験を受ける人も両方とも、分かっているのかどうか分からないところがあります。それが禅問答の〝本質〟です。

# 3　「一即多《いっそくた》・多即一《たそくいつ》」「絶対矛盾《むじゅん》的自己同一」とは何か

## 「一即多《いっそくた》・多即一《たそくいつ》」は、霊魂《れいこん》の「本体・分身」の原理を説明できる

西田幾多郎《きたろう》は、そうした禅の参究《さんきゅう》を超え、次は、哲学として、「純粋経験《じゅんすいけいけん》」「絶対無《ぜったいむ》」、それから「一即多《いっそくた》・多即一《たそくいつ》」という言葉を出しています。

この悟りの説明として、私は、『太陽の法』のなかで、「如来《にょらい》の悟りの一つである」という説明をしていますが、本人自身は、生きていたとき、おそらく、

そうは思っていなかっただろうと思います。

これは、霊界の事情を知れば分かります。

今、当会は、守護霊霊言の本もよく出しています。世間《せけん》の人は、「本人が地上に生きて、魂《たましい》が肉体に入っているのに、それとは別に守護霊がいるのはおかしい。また、守護霊以外にも、その人の過去世《かこぜ》と言われる魂があって、招霊《しょうれい》すると何人も出てくるのはおかしい」と思うかもしれませんが、普通の人の場合、今、肉体に入っている魂まで含《ふく》めて、「本体・分身で、六体ぐらいの魂がいるだろう」と言われています。

一般には、非常に難しくて、何のことか、さっぱり分からないだろうと思います。「この人は、あなたの守護霊です。あなたの守護霊であって、あなた自身でもあります」と言われたら、普通は分からないでしょう。

霊言の広告を打つときも、新聞社によっては、「死んだ人の霊言は、意味としては分かります。死んだ人が出てきて、語るのでしょう? これについては意味が分かりますが、生きている人の守護霊が来て語るのは、ちょっと意味不明で分かりません。現代に生きている人の守護霊霊言はもう意味が分からないので、その本の広告は勘弁《かんべん》してくれませんか」などと言ってくるようです。

守護霊霊言の場合、生きている本人に直接インタビューしたような答えになるので、不思議と言えば、不思議すぎるのでしょう。

例えば、現役《げんえき》大リーガーのイチロー選手の守護霊を呼び、話をしたところ（『天才打者イチロー　4000本ヒットの秘密』〔幸福の科学出版刊〕参照）、

「イチロー本人が語っていることとそっくりである。まるで本人に直接インタビューしたかのようだ」という記事が、スポーツ紙に載ったことがあります。

そのように、一般の人は、「本を読むと、野球の打撃の秘密《ひみつ》や自分の修行の秘密について語っているが、本人に仮想インタビューしたような感じだ。どうやって、これをやったのだろう。超能力で心を読んだのだろうか。霊言とは、どういうことなのだろうか。守護霊の霊言というのは、ちょっと分からないな」と思うのかもしれません。

また、イチロー選手は、その本を読み、「これは自分の守護霊だ」と思うところがあったのかもしれませんが、本が出たあと、取材に答えて、「バッターボックスに立ったときは、全身で球を見ているような感じがする」というようなことを述べていました。

実は、イチローの守護霊は、霊言のなかで、「全身の毛穴で見ている感じでやっている」というようなことを語っていたので、その影響がおそらく出ているのではないかと思います。「バッターボックスに立ったとき、全身で見ている」というようなことを言っている箇所があるのです。

西田幾多郎の「一即多・多即一」とは、そういう本体・分身の原理で、例えば、「六人の魂で一体になる」というような考えです。

## 『古事記《こじき》』に見る、日本神道《しんとう》での「魂の分光《ぶんこう》」のあり方

あるいは、日本神道《しんとう》的に言うと、どうなるでしょうか。

神としての大きな魂があるとすると、その魂そのものが人間に宿るのはなかなか大変なことなので、「神の魂は、適正サイズにまで分光《ぶんこう》し、それが人間として生まれ変わって、個性を持つ」ということです。

つまり、魂のエネルギーが大きくなると、魂は分光して分かれていきます。

神は〝子供〟を生むわけです。

『古事記《こじき》』などには、男の神が子供を生む話も出ています。

これは、生物体としては少し考えにくいことです。現在、遺伝子工学が進んだ状態においては、確かに、男性の精子を取り、女性の卵子に植えつけて受精させたら、子供をつくることはできるので、男性一人でも子供がつくれるということは、技術的にはありえます。現在は、そういうことが進んでいますが、歴史的には、男性が子供を生むことはありえないのです。

そうではなく、霊的に、宗教的に見たら、これは、「巨大な魂であれば、魂が分光していく。要するに、神は〝子供〟を生んでいく。いわゆる天使に当たるような高級神霊、光の指導霊を生んでいくのだ。そして、それが適正サイズの〝鏡餅《かがみもち》〟になったら、そこからさらに分光していき、〝あんこ餅〟が出てくるような感じで、人間としての個性を持つことができるようになる」ということなのです。

これが「一即多・多即一」の悟りです。こうした霊界の神秘に気づけば、一即多・多即一というのは、そのとおりであるということが分かります。悟りの言葉として理解できるのです。

西田幾多郎が哲学者として生きていたとき、この本当の意味をどこまでつかんでいたかは分かりませんが、概念として、あるいは、抽象的な理念としては、そういうことは、どうも分かっていたようです。

ただ、今、私が述べたようなかたちで、宗教的な悟りとして説明することは、おそらくできなかったのだろうと思います。

## 「絶対矛盾《むじゅん》的自己同一」は実際上ありうる

それから、西田幾多郎の有名な言葉としては、「絶対矛盾《むじゅん》的自己同一」という言葉もあります。「絶対矛盾」「絶対的に矛盾している、相反《あいはん》する」とは、どういうことでしょうか。

矛盾というのは、「矛《ほこ》」と「盾《たて》」と書きます。矛とは、槍《やり》のような武器のことです。この言葉の由来は、学校時代に古典で習ったことがある人もいると思いますが、昔、武器を売っている商人が、「この矛は、どのような頑健《がんけん》、頑強《がんきょう》な盾でも突き通す。この矛を妨《さまた》げることができる盾はない。これがいちばんすごいものだ」と言って、矛を売っていました。

片方、同じ人が今度は盾を売っていて、そのときには、「この盾は、最高に強い盾で、いかなる矛も貫《つらぬ》くことはできない」と言っていたのです。

同じ人が、「この矛は何でも貫ける」と言う一方、「この盾は何も通すことができない」と言っているわけです。これは矛盾しています。商売としては、別々の人に売ればそれで済むことでしょうが、同じ人に売るなら、当然、「おかしいではないか」ということになります。

これは、どちらかが嘘《うそ》です。「矛が強いか。盾が強いか。両方とも駄目《だめ》か。実際に矛で盾を突いたらどうなるか。両方とも壊れるかもしれないし、矛が強ければ盾を抜いてしまうかもしれないし、盾が強ければ矛が壊れるかもしれない」というところがあると思いますが、そういうようなことが、「矛盾」という言葉のもとなのです。

そして、西田幾多郎は、絶対矛盾的自己同一、すなわち、「絶対的に矛盾していることを、自分のなかで同一化する。一つにしてしまう」ということを、言葉として語っています。

これもなかなか難しくて、哲学者は理解できているかどうか、非常に難しいところでしょう。例えば、西田幾多郎的な理解によれば、こういうことです。曲線と直接は同時には存在できないので、「曲線であり、かつ直線である」ということは絶対矛盾です。けれども、「曲線であり、かつ直線である」ということがありうると言っているわけです。

彼は、哲学者になる前、実は、数学者になるか哲学者になるかで、迷った時期がありました。「哲学者になるなら、想像力と詩的な叙述《じょじゅつ》力との両方が必要だか、自分にそれだけの才能があるかどうかは分からないので、自信がない。一方、数学者になって、無味乾燥《むみかんそう》な数学を一生教えて過ごすのは、たまらないな。どうしたものか」というように迷った時期があり、結局、哲学の道のほうを選んだわけですが、そうした絶対矛盾的自己同一というのは、実際上ありうることです。

例えば、私たちが、一メートル、あるいは三十センチの物差しを持つことはできますが、それは真っ直ぐということになっています。しかし、その真っ直ぐのものをずっと延長していくとどうなるかというと、真っ直ぐなはずなのに、実際は地球をぐるっと一周するはずです。直線のはずなのに、地球をぐるっと一周することが現実にはあるわけです。「本当は丸い曲線の一部なのに、実は直線だと理解している」ということが、実際上ありうるのです。

## リーディングをすると、「現在」から、「過去」も「未来」も見える

同じように、「時間」についても、そういうことが言えます。人間は、時間というのは直線的に流れているように考えています。放《はな》たれた矢のように、時間は過去から現在、未来に向けて一直線に飛んでいくように考えるわけですが、これについても、私がいろいろと説いているように、「実際上、矢が飛ぶよう

に、過去・現在・未来が一直線に並んでいるかどうか」は、リーディングをすればするほど、疑問が湧いてくるのです。

リーディングをいろいろと行うと、「過去が、現在であり、未来でもあるような瞬間」が幾《いく》つも出てきます。

例えば、なぜ、私は、今現在に生きておりながら、タイムスリップ・リーディングとして、「何千年も前の昔、あるいは、何百万年前、何億年前の昔は、こうだった」という話ができるかというと、実に難しい話です。

「現在であるのに、過去の情景について語れる」ということは、「それが今、見えている」ということです。過去に過ぎ去ったものであったら、もう見えるはずがありません。

「時間の矢は、過去に放たれて、今現在を通り、未来に向かっていく」ということで、現在のところに時間の矢が通っているなら、現在そのものは見えているはずですが、過去に放たれて昔通ってきた〝矢の道〟については、現在ただいまから見えるはずがありません。

しかし、私には、見えるはずがない〝過去の矢〟が見えます。つまり、現在ただいまから、過去が見えるのです。

あるいは、私は、未来世《みらいぜ》リーディング、来世《らいせ》リーディングもしています。未来において、矢はどこに行くのかが見えるのです。

要するに、時間を直線的に捉《とら》えていますが、実は、直線のように見え、直線ではないのではないかと見えるわけです。時間は直線に見えているけれども、今述べたように、「時間の輪」のようなものがあり、実は、曲線上にぐるぐると回っている可能性があります。

あるいは、輪として回っているのでなければ、螺旋状《らせんじょう》にぐるぐると時間が回っている可能性もあります。直線状に進んでいるのではなく、螺旋状に回っているわけです。例えて言えば、巻貝やチョココロネのような感じでしょうか（笑）。

あのように、外側をぐるぐると下から回っていくように時間が動いていると見るならば、時間というのは、もしかしたら、「そこにあるもののなかに、過去も未来も同時に見えている」というものなのかもしれません。

したがって、西田幾多郎の言葉では、まだ十分に説き切れていませんが、

「絶対矛盾的自己同一」ということはありえます。私のほうでは、宗教的には説明ができています。ただ、彼は哲学として、そういう言葉を出しているけれども、十分に説き切れているとは思いません。

## 4 「この世とあの世を貫《つらぬ》く幸福」に通じる西田幾多郎《きたろう》の幸福論

「善であることが幸福」と言い切った西田幾多郎《きたろう》

さらに、話を続けましょう。

西田幾多郎《きたろう》が、『善の研究』に引用しているアリストテレス●の言葉は数少ないのですが、私は、前回の法話「幸福学概論」で、アリストテレスの例を引い

●アリストテレス（前384～前322）古代ギリシャの哲学者で、「万学の祖」と言われる。アレクサンダー大王の家庭教師でもある。のちに、無門慧開、西田幾多郎として転生した。

ています（『幸福学概論』〔幸福の科学出版刊〕参照）。

そのアリストテレスは、「人生の目的は幸福である」と語っています。

これは珍《めずら》しいです。ニヒリズム、虚無《きょむ》主義に入って、この世を悲観していくような哲学者がいるなか、アリストテレスの「人生の目的は幸福だ」という言葉は、非常に明るく希望に満ちた、現代的な言葉のようにも聞こえます。

アリストテレスの教えを受けたアレクサンダー大王は、若くして亡くなりますが、世界帝国を築いた背景には、積極的な、光明《こうみょう》的な思想があったのかもしれません。彼が世界精神を体現したことには、「人生の目的は幸福だ」というアリストテレスの言葉も、あるいは、影響しているかもしれません。

同様に、西田幾多郎も、『善の研究』のなかで、「幸福」について言及しています。

書名が『善の研究』である以上、もちろん、善について語らなければいけないわけですが、善について語るときは、当然、宗教的な面がそうとう出てきます。宗教は、善悪についてよく語るからです。

そして、アリストテレスは、「哲学の目的は幸福である」、あるいは「人生の目的は幸福である」と言っていますが、西田幾多郎は、「幸福とは善である。善であることが幸福なのだ」という言い方をしています。

これは、なかなか、意味深《いみしん》な言葉でありますが、宗教的に言えば、そのとおりです。善であるとは、要するに、「人間としての生き方として正しい」ということであり、善悪で言えば、「悪から遠ざかり、善を選び取る」「悪を押し止め、善を推し進める」ということです。これは、仏陀・釈尊が説いた「止悪修善《しあくしゅぜん》」という考え方とも合っているので、仏教の本質とも合っているわけです。

西田幾多郎は、「幸福とは善のことである」と、はっきり言い切っています。

そして、「幸福とは善である」ということになると、宗教的に見ると、これは、私が説いているところの幸福論に当たります。

この世で善を追求することは、「あの世での幸福」を保障する

私は幸福論として、「この世とあの世を貫《つらぬ》く幸福が大事である」と説いています。

「この世では幸福で、死んであの世では地獄で不幸」というのは敵《かな》いません。こうした宗教思想は、私としては取りたくないです。「この世では、お金が儲《もう》かりました。地位も得ました。その陰で悪いことをして、人も泣かせました。そして、死んだあとは、地獄へ堕ちて苦しみました」という宗教では、この世の成功学や幸福論を説いても、虚《むな》しいことになります。そのような幸福論は、・・・・・この世限りのもので、死ねばもう終わりになって、その後は通用しないのです。

キリスト教の一派にも、「この世の成功学や幸福論は虚しい」という考えが強くありますが、それと同時に、「この世で不幸だからこそ、あの世で幸福になる」という考えもあります。

つまり、「この世で、逆境や苦しみ、あるいは、迫害や受難や殉教《じゅんきょう》で不幸を味わうと、天国が待ち構えている。コンペンセーション（補償《ほしょう》作用）として、天国での幸福が待っている。そして、来世《らいせ》で永遠の幸福が続くのだ」ということです。

このように、「この世で不幸な経験をするかもしれないが、神の言葉や神の教えを信じて一生を貫けば、来世は幸福である。この世では不幸だが、来世では幸福になる」という幸福論もあるけれども、「幸福とは善のことである」ということであれば、「この思想の考え方は、この世とあの世を貫く幸福を意味している」と言えるでしょう。

この世にて善を追求することは、同時に、「あの世での幸福」や「天界、実在界での永遠の生命」を保障する生き方なのです。

ですから、「西田幾多郎は、私が説いている『この世とあの世を貫く幸福』と同じことを説いており、実際は入り口までかもしれないが、同じところに辿《たど》りついている」ということは言えると思います。

## 西田幾多郎の幸福論は、ソクラテスや吉田松陰《しょういん》の生き方にも通じる

西田幾多郎は、「幸福とは善のことだ」と言い切りました。「悪に染まって生きること、悪の人生を生きることは、不幸である」ということです。

ソクラテスは、「悪法《あくほう》でも、法は法である」と言って、毒杯《どくはい》を仰《あお》いで死んでいきましたが、彼は、彼なりの善悪の基準が心のなかにあって、「善のなかに

生きているなら、この世の悪に染まらないことが幸福である」という幸福論を持っていたのでしょう。

要するに、「この世の人間は、死ぬことを最大の不幸のように思い、『命を失うほどの不幸があるわけがない』と思っているが、そんなことはない。悪に染まること、悪に妥協することのほうが、むしろ不幸である。ゆえに、私は、悪には断固妥協しない。悪とは妥協せず、善を選び取っていく」ということです。

あるいは、「真・善・美」の「真」にも関係があると思いますが、「善を選び取っていくことが幸福である」という観点から言えば、ソクラテスが生《せい》を軽《かろ》んじて、死を選び取った理由も分かるでしょう。

前回も話しましたが、吉田松陰《しょういん》は、「死してのちに、よき影響を世の中に遺すことができるなら死んだほうがよいし、長生きしたほうが後世《こうせい》によき影響を与えるなら長生きしてもよい」と、二者択一《にしゃたくいつ》型で提示しています（『幸福の科学大学創立者の精神を学ぶⅡ（概論）』〔幸福の科学出版刊〕参照）。

「自分が死ぬことによって、多くの人たちが幸福になっていくなら、あるいは、未来の道が拓《ひら》けるなら、それは善である。その善を求めているのであれば構わない。善を求めていること、自分の人生が善を体現していること自体が、幸福論そのものである」という考え方もありうるのです。

このように、西田幾多郎の言う『善の研究』は、宗教的な側面をそうとう含《ふく》んでいるものです。

## 5　西田哲学から観《み》た「幸福の原理」

### 「知る」ということは、「愛する」ということと同じである

西田幾多郎《きたろう》は、「善を求めることで幸福になれる」と言っていますが、さらに、別のところでは、「愛とは何か」について語り、「愛と知《ち》は同じである。愛イコール知である。知るということと、愛するということは同じなのだ」ということを言っています。

これも、普通の人が読むと意味不明で、「『知るということと、愛するということは同じである』と言われても、いったい何を言っているのか、さっぱり分かりません」と言うだろうと思います。

おそらく、これは、ソクラテス、プラトン以来のギリシャ哲学に言う「知を愛する心」のことでしょう。ソクラテスやプラトンたちが説いているソフィストというのは、知を愛する「愛知者《あいちしゃ》」のことなのです。

この知とは、「真理や善や美を知る」ということでしょう。「それを知ることができたら、真実を知ることができたら、最高である」という考え方ですが、「これを知るということは、愛するということと同じだ」という言い方です。

現代の哲学者たちが、これを理解しているかどうかは私も分かりません。理解していないことのほうが多いのではないかと思いますが、私は、『幸福へのヒント』（幸福の科学出版刊）という本のなかで、愛について、次のように書いたことがあります。

「相手を理解することができたら、相手を愛することができる。相手を理解できないときは、愛することができない。『理解した』ということは、『愛した』ということと、ほぼ同義である」。

理解するとは、「知る」ということです。人を知るとは、「人を愛した」ということと同じになります。ですから、「相手を理解した」「相手を知った」ということは、「相手を愛した」ということと同じになるのです。

人が、「愛されない」と思っている、あるいは「愛することができない」と思っている理由は、たいていの場合、相手を理解できないから、相手を知らないからです。

親子でも喧嘩《けんか》になったり、夫婦でも喧嘩になったり、きょうだいでも喧嘩になったりよくしますが、それは相手を理解できないからです。「考え方が互いに矛盾《むじゅん》し、ぶつかっていて、相手を理解できない」ということが多いのです。家族でも考え方が違ってきます。友人でも考え方が違ってきます。そして、相手が理解できなくなる、相手を知ることができなくなると、相手を愛せなくなってくることになるのです。

西田幾多郎は、「愛するということと、知るということは同じである」と言い切っていますが、これを読み、そのままに分かる人は少ないだろうと思います。

## すべての教えは「幸福の原理」に辿《たど》りつく

私は、第一回講演会で、「幸福の原理」を主唱《しゅしょう》しました。

人間が幸福になるには、四つの道があります。幸福の原理として、四つの道を探究すれば、人は幸福になることはできます。第一の原理は「愛の原理」です。第二の原理は「知の原理」です。第三の原理は「反省の原理」です。第四の原理は「発展の原理」です。愛・知・反省・発展の四つの原理を総称して、

「四正道《よんしょうどう》」と言いますが、この四正道を「幸福の原理」という言葉でまとめています。

これは、幸福の科学の会員、信者であれば、みな知っている基本的な教義ですが、意外に、これだけをまとめて本にはしていないので、外部の人はよく知らないようです。当会の根本教義について理解していない人が数多くいるのです。

私の本が多すぎて、分からないわけです。「それぞれの本に書いてある知識が、幸福の科学の教えだ」と思っていて、「どれが本当の基本教義や基礎教義なのかが分からない」という人が大勢いるのです。

しかし、私は、最初の第一回講演会「幸福の原理」で、その約一時間の講演のなかで、教えの輪郭《りんかく》と方向性をすべて述べています。

私は、「人間が幸福になるための原理」をあらゆる角度から探究し、いろいろな法を説いて、「法シリーズ」として数多くの本を出したり、霊言集を出したりしているし、それ以外にも、現代社会に対するジャーナリスティックな意見を出したり、政治の原理や経済の原理、経営の原理など、いろいろなものを説いたりしていますが、これらは応用編であり、実践編であり、私の教えでは、すべては、この「幸福の原理」に辿《たど》りつくのです。

そして、「幸福の原理を探究しようとするその心が、『正しき心の探究』である。つまり、正しき心の探究として、それを具体的に展開していくのが、幸福の原理であり、その幸福の原理は、愛の原理、知の原理、反省の原理、発展の原理という四つを含《ふく》んでいる」というように解説しています。

## 「神を愛する証明として、隣人を愛せよ」と説いたイエス

西田幾多郎が言うように、「愛即知・知即愛」であるならば、愛の原理と知の原理は一緒になってしまうところもありますが、まずは、イエスの言う「汝《なんじ》の隣人を愛せよ」という言葉もあります。

それから、イエスは、『旧約聖書』の言葉を用《もち》いて、「汝の主なる神を愛せよ。これがいちばん大事な教えである。次に、汝の隣人を愛せよ。これが二番目に大事な教えである」と語っています。

目に見えない世界であるところの、この宇宙を統《す》べている、実在世界をも統べている「主なる神」を愛することは、イエスの考えるところの真理として、あるいは、宗教として、いちばん大事なことであるということです。

目に見えないものを愛するわけですから、それは大変なことで、人間は非常に霊的にならなければいけません。これは、本当に宗教的経験を経《へ》ないとなかなか分からないところですが、まずは、「目に見えない主なる神を愛する」ということです。

次に、主なる神を愛することの証明として、主なる神を愛している人ならば、「汝の隣人を愛せよ」ということです。

自分の家族や親子、きょうだいなど、血縁《けつえん》の者を愛するだけなら、誰でもできることです。大事なことではありますが、誰でもできるし、動物でもそういう傾向は持っています。これは本能的な愛だからです。

そうではなく、自然体に流れたら愛することはできない隣人、例えば、人生の過程ですれ違う人たち、交《まじ》わる人たち、出会う人たち、そうした自分と直接に利害がない人々を愛するのです。

イエスで言えば、最初は、ユダヤ人だけに教えを説き、ユダヤ人以外は救われないつもりで教えていたのに、途中でサマリア人《びと》●の譬《たと》えもしています。

旅人が行き倒れになっていて、そこを、何人かが通りかかります。偉《えら》い宗教家というか、祭司《さいし》が通りかかりますが、「隣の国のサマリアの人だな」と思ったのか、通り過ぎます。次にユダヤのレビ人も通り過ぎ、その旅人を助けるこ

●サマリア人　当時、異邦人であるため、ユダヤ人から差別されていた。

とができるようなユダヤの金持ちが来ても、通り過ぎてしまいます。

結局、旅人を救ったのは、サマリア人でした。倒れていた旅人はユダヤ人だったかもしれませんが、サマリア人が来て、宿に連れていって介抱《かいほう》し、治してあげたのです。

ということで、「誰が、その倒れていた人をいちばん愛したと言えるか」と言えば、それは明らかでしょう。ユダヤ人は、ユダヤ人のことばかり考えている自国民中心主義で、今でもそういう考え方を持っていますが、いちばん彼を愛したのは誰かというと、国籍に関係なく彼を救ったサマリア人です。実は、その人が、彼をいちばん愛したのです。神は、そう見るということです。

## 宗教的真理を知ると、分け隔《へだ》てなく、愛することができる

また、イエスは、別の譬えもしています。

イエスは、喉《のど》が渇《かわ》いたとき、ユダヤ人ではないサマリア人の女性に、井戸の水を所望《しょもう》したことがありました。

そのサマリア人の女性は、「私は、あなたの信仰する神は信仰していません。ヤハウェやエホバの神を信仰しているユダヤ人とは違う、別の信仰を持っています。そうした異邦人《いほうじん》から水をもらってよいのですか」と答えるのですが、イエスはこだわらずに井戸の水を受けたのです。別の信仰というのは、おそらく

バアルか何かへの信仰だと思います。

すると、そのサマリア人の女性は、イエスに対して、「私にも何かをさせてください」、要するに「信徒に加えてください」と言うのですが、最初、イエスはユダヤ人的な考え方で、「これはユダヤ人のための教えである」ということで、躊躇《ちゅうちょ》するのです。

ところが、サマリア人の女性は、「小鳥でさえ、テーブルからこぼれたパンの屑《くず》を食べることができます。私はユダヤ人ではありませんが、そういう恩恵《おんけい》に与《あずか》ってもよいのではないでしょうか」ということを言います。

そこで、イエスは、女性に水を恵んでもらっておりながら、「この世の水はいくら飲んでも、喉の渇きを癒《いや》すことはできない。喉はまた渇くであろう」と言い、さらに続けて、やや抽象的で分かりにくいのですが、「しかし、私の言葉から出る『命の水』を飲む者は、永遠に渇くことはないであろう」と言うわけです。

イエスは、サマリア人の女性から、「ラビよ、私にも命の水を分けてください」と言われたとき、最初、「ユダヤ人ではないから無理かな。救えない」と思ったけれども、「パンのおこぼれは、小鳥だって、雀《すずめ》だって、もらうではないですか」と言われ、「分かった」と言って、サマリア人にも教えを説いています。

こういう譬えも、ある意味で、「ユダヤ人であり、ユダヤのラビである」と自覚していたイエスのその教えが、キリスト教として世界宗教になっていく、

●ラビ　ヘブライ語で「わが主」「師」を意味する言葉。ユダヤ教の聖職者。ユダヤ人が宗教的指導者に対して用いる敬称。

実はきっかけだったと思うのです。

要するに、愛の教えにおいて世界宗教になっていったということです。そういうところがあるのです。

私は、知の原理について、宗教的真理も含めて、もう少し複雑に説いていますが、「愛する」ことと「知る」ことは同じです。ある意味で、宗教的真理を知ったら、「民族の違い」とか「敵か味方か」とか、そういう分け隔《へだ》てを超えて、愛することができるのです。

イエスも、敵・味方を分け隔てずに愛することを教えています。「汝を迫害する者のために祈れ」と語っています。

そのように、「知ることは愛すること、愛することは知ること」ということで、宗教的真理を知ってしまえば、愛することになるのです。

そういう意味で、愛の原理と知の原理には、倒置《とうち》性、等価《とうか》性があります。この二つは置き換えることができる原理であるのです。

## 「幸福の原理」には、西田哲学を超えた部分も入っている

私は、愛の原理、知の原理を説き、さらに、少し仏教的な部分になりますが、「反省の原理」を説いています。

キリスト教においても、やはり反省の原理はあります。いわゆる懺悔《ざんげ》です。

イエスは、「悔《く》い改めよ」ということをよく語っています。

「神の国に入りたかったら、悔い改めなさい。この世で犯した罪は、悔い改めによって許されるのだ。悔い改めたら、汝の罪は許されたり」「私は、地上にて人の罪を許す権威を、主なる神より与えられた者である。だから、『汝の罪は許されたり』と言うことができる人間なのだ」ということで、悔い改め、あるいは、仏教的に言えば、反省を教えていたのです。

ですから、やはり、八正道《はっしょうどう》的な反省の原理が、幸福の原理として挙《あ》げられます。

さらには、私は、仏国土ユートピアづくりとしての「発展の原理」を説いています。

発展の原理については、応用編として、いろいろな部分に展開しています。

また、実践論として、経営論から経済・政治まで、あるいは、地理的に見て、日本を超えての世界に対する伝道も、発展の原理に入っています。

以前の法話でも述べたように、マックス・ウェーバーは、「仏教を社会学的に分析する限り、仏陀は、地上最大の伝道集団をつくることに成功した」ということを言っています（『「成功の心理学」講義』〔幸福の科学出版刊〕参照）。

つまり、仏陀が伝道集団をつくり、各地に教えを広げようとしたことは明らかなのです。仏陀には、「自分一人だけ悟ればよい」とか、「自分の知り合いだけが禅定《ぜんじょう》して悟ればよい」とかいう考えではなく、「教えを押し広げていこう」という考えがあったのです。

発展の思想自体は、仏陀の思想のなかにも、もともと入っていたわけです。

例えば、永平寺《えいへいじ》の曹洞宗《そうとうしゅう》や、公案禅《こうあんぜん》の臨済宗《りんざいしゅう》等の禅宗《ぜんしゅう》も、「一人で坐禅《ざぜん》・瞑《めい》想《そう》をして悟りを開く」という孤立した禅のように見えますが、曹洞宗だけでも全国に一万数千寺もあるように、個人の悟りを求めているようでありながら、きちんと伝道はやっています。仏陀の〝遺伝子〟そのものは遺っているのです。「禅を広げていこうとする」「悟りを得る人を増やしていこうとする」、そうしたスプレッド（広げる）の思いは、ずっと流れているわけです。

このように、幸福の原理は、四つの原理から成り立っているわけですが、西田哲学と比較してみると非常につながりがあり、西田幾多郎が分かっていなかったところを、私が宗教的に説明した部分もあるし、西田幾多郎の哲学領域を超えた部分も一応入っています。

私の教えは、彼が観察の対象としなかったこの世についての、社会学的な、あるいは、政治学的な、経済学的な分析まで入っている教えなのです。

幸福の原理は、私の「純粋経験《じゅんすいけいけん》」として実在界からキャッチした教え

それから、彼は、自己と客体《きゃくたい》との関係から認識が出てくる以前の考え方を「純粋経験《じゅんすいけいけん》」と呼んでいますが、これは、仏陀で言うと、「人間は、五感を離れたところに実体がある」という考えに当たります。

人間は、「色《しき》・受《じゅ》・想《そう》・行《ぎょう》・識《しき》」という感覚器官を通して、物事を認識しています。肉体や物質（色）を見て、それを受け止める感受性（受）があり、そ

れについて思いを巡《めぐ》らせて（想）、行為をし（行）、その行いの結果について認識する（識）ということです。

こうした「色・受・想・行・識」という感覚器官を通じての世界観、つまり、自己と世界を触《さわ》れたり、聞いたり、味わえたりするようなものとしての物質的世界観は、本当の人間の認識ではなく、それを超えなければいけません。

「色・受・想・行・識」に、さらに「意《い》」を加え、「六感」までいきますが、その「意」もまだ十分ではありません。ここで言う「意」とは、「意識」「意志」の意ですが、肉体的にかかわる「意」だけではなくて、もう少し霊的な認識の段階がたくさんあるのです。

「その五感を去ったところに、本当の自己はある。『自己の実体』『本当の霊的な実体』『霊我《れいが》』は、肉体的自我を超えたところにある」ということを、仏陀は繰り返し説いています。これは仏陀の教えの本質の部分です。

仏陀は、こうしたことを説いていますが、私の宗教は、「客体を通して客観的に見えるもの」と「自分」との関係を通して認識するという、感覚器官における認識を、思想空間として表現したものではありません。

私の説く幸福の原理は、最初の、「愛の発展段階説」についての思索《しさく》から始まり、愛を考えて、それから第一回の講演会で、「幸福の原理」として打ち出したものですが、これは、具体的な材料をどこかから引っ張ってきてつくったものでもなく、また、単なる成功の原理として説いたわけでもなく、結局、「天上界《てんじょうかい》から真《ま》っ直《ちょく》に与えられた原理」として説いたものです。

何度も言っているように、私は、最初の講演会から、講演の内容について筋書きや要点をまとめたり、メモをつくったりするようなことは一切していません。「幸福の原理」という演題だけがあって、その演題しか見ていないのです。禅の公案とまったく同じです。演題だけを見て、演壇に立ち、聴衆を見て、「幸福の原理」について語ったのです。

ですから、本当に「純粋経験」として、私が実在界から直接キャッチした教えとしての「幸福の原理」を人々の前で語り、それが幸福の科学の基本教義になったということです。そして、幸福の原理の解説が、一千六百冊《いっせん》を超えると言われる私の書籍群のなかで、縷々《るる》、説明されているわけです。

## 6　幸福の科学の始まりとも言える三部作の発刊

### 『永遠の法』で示した次元構造と「エル・カンターレ」の位置づけ

今日は、根本に立ち返り、私は二十四歳（一九八一年三月）のとき、大悟《たいご》したということになっていますが、それより前の二十歳《はたち》の頃まで戻り、西田幾多《きた》郎《ろう》の『善の研究』を読んで考えていた頃に出発点として始まっていた、私の悟りの助走の部分から、最初の「幸福の原理」成立までの成立史について話をしました。

こういう意味で、西田幾多郎の哲学を「純粋哲学」と呼ぶならば、私のものは、「純粋哲学を超えた学問性を持った宗教」であると思うし、「ソクラテスが言っていたような哲学に近いもの」であると考えています。

これを具体的に展開した教えはいろいろとありますが、総論として悟りの世界全体について書いた『太陽の法』、歴史論・時間論として説いた『黄金の法』、それから、空間論として説いた『永遠の法』があります。

空間論では、次元構造として、この世を「三次元」と見て、それから、死後すぐに行く世界を「四次元」と見て、その世界を「幽界《ゆうかい》」と呼んでいます。幽界は、さらに天界と地獄界とに分かれています。

その上に、五次元善人界や、六次元という、学者的な人が行くような精神世界があります。七次元は、菩薩《ぼさつ》界と言われ、救済行《きゅうさいぎょう》や利他行《りたぎょう》に生きる人たちが行く世界があります。ここには宗教家が非常に多いです。その上の八次元は、如来《にょらい》界と言われ、大きな宗教の祖《そ》や、思想の根本的な淵源《えんげん》になったような人、人類史を大きく覆《くつがえ》すような事業を成した人がいます。

九次元の世界には、救世主の世界があり、あえて言うならば、十体の霊人がいます。これは、「あえて言えば」であって、実際上は、エネルギーの塊《かたまり》としてしか存在していないので、十人いるわけではありません。エネルギーの塊としてあって、それが、それぞれの役割を分担しているというような状態が、九次元です。

そのなかの長《ちょう》として、「エル・カンターレ」という存在が実在しています。そのエル・カンターレという大きなエネルギー体の一部が、過去に、ヘルメスや釈尊というかたちで生まれもしたし、現在では、「大川隆法」という名前で生まれているのです。

大川隆法という名前で生まれている、このエル・カンターレの部分は、他の個性霊としての仏陀やヘルメス、オフェアリス、ラ・ムー、トス、リエント・アール・クラウドに比べ、「エル・カンターレの法」の全体像をつかんでいるという意味において、エル・カンターレの核に近い存在であるということです。

これが、幸福の科学の言う空間論です。

## 三部作完結のもと、幸福の科学は活動を開始した

結局、悟りの全体像としての『太陽の法』と、時間論・歴史論として、光の天使が次々と地上に生まれてきたことを説明し、「神は人間を決して見捨てていなかった。いつの時代も、人を救い、幸福にするために、次々といろいろな弟子たちを送り込んできていたのだ」という真実の歴史を明かして、宗教対立を解消するための本としての『黄金の法』。さらに、「真実の世界として、世界の仕組みはどうなっているか」ということを教える『永遠の法』。この三部作がつくられています。

これが書かれたのは一九八六年です。一九八六年の夏、八月末から九月初めにかけて書かれたのが、『太陽の法』という最初の理論書です。次に、九月から十一月初めにかけて、『黄金の法』が書かれ、そのあと、『永遠の法』が書かれ、三部作ができたのです。

この三部作完結のもと、幸福の科学は活動を開始し、その翌年の一九八七年三月八日に第一回講演会「幸福の原理」を行い、四月から月刊誌が発行されるようになりました。

『太陽の法』『黄金の法』『永遠の法』という三部作は、一九八七年に刊行されていきましたが、このあたりが、幸福の科学の始まりであったのです。

今日は、「教団の成立史」と「基本教義の成り立ち」について、重要な話をしました。幸福の科学大学の発足《ほっそく》に当たっても、非常に意味のある内容になったのではないかと思います。

# あとがき

根源的《ラディカル》な思想というものは、守旧派《しゅきゅうは》的思想を持つ人間にとっては、いつの時代も恐怖でしかないだろう。

しかし私は、西田幾多郎《きたろう》のいう「見性《けんしょう》」「純粋経験《じゅんすいけいけん》」なるものの本質を、二十歳の頃、梅林《ばいりん》の中を散策《さんさく》しながら、「小恍惚感《しょうこうこつかん》」として体験したのだ。それはある種の「至高体験《しこうたいけん》」で、長らく、私の心の中に「幸福感」として尾《お》を引《ひ》いた。

その「幸福感」を説明するために、私の「大悟」や「幸福の科学」の立ち上げが続いたものと思われる。

思索者《しさくしゃ》としての人生の中で、西田は海のように深い悲しみの中に、無限に打ち寄せては返ってくる波のような孤独を味わっていただろう。その「絶対無《ぜったいむ》」の思想は、ある種の悲しみと絶望の哲学でもある。永遠に理解されないものの孤独が、そこにはある。

だが私たちは、この西田の宗教哲学を、学問的にも宗教的にも乗り越えてゆかねばならない。日本と世界の未来は、この一点にかかっている。

二〇一四年　八月二十二日

幸福《こうふく》の科学《かがく》グループ創始者兼総裁《そうししゃけんそうさい》
幸福《こうふく》の科学大学創立者《かがくだいがくそうりつしゃ》　大川隆法《おおかわりゅうほう》

『西田幾多郎の「善の研究」と幸福の科学の基本教学「幸福の原理」を対比する』大川隆法著作関連書籍

『太陽の法』（幸福の科学出版刊）
『黄金の法』（同右）
『永遠の法』（同右）
『幸福の原理』（同右）
『幸福へのヒント』（同右）
『幸福学概論』（同右）
『幸福の科学大学創立者の精神を学ぶⅡ（概論）』（同右）
『「成功の心理学」講義』（同右）
『天才打者イチロー　4000本ヒットの秘密』（同右）

西田幾多郎《にしだきたろう》の「善《ぜん》の研究《けんきゅう》」と
幸福《こうふく》の科学《かがく》の基本教学《きほんきょうがく》「幸福《こうふく》の原理《げんり》」を対比《たいひ》する

2014年 8月 23日　初版第1刷

著　者　　大《おお》　川《かわ》　隆《りゅう》　法《ほう》

発行所　　幸福の科学出版株式会社

〒107-0052 東京都港区赤坂2丁目10番14号
TEL(03)5573-7700
http://www.irhpress.co.jp/

印刷・製本　株式会社 東京研文社

落丁・乱丁本はおとりかえいたします

ISBN 978-4-86395-537-0 C0010

写真：©rafukuan-Fotolia.com、Kodansha／アフロ

## 幸福の科学の教えの輪郭が分かる、基本三部作

# 太陽の法

### エル・カンターレへの道

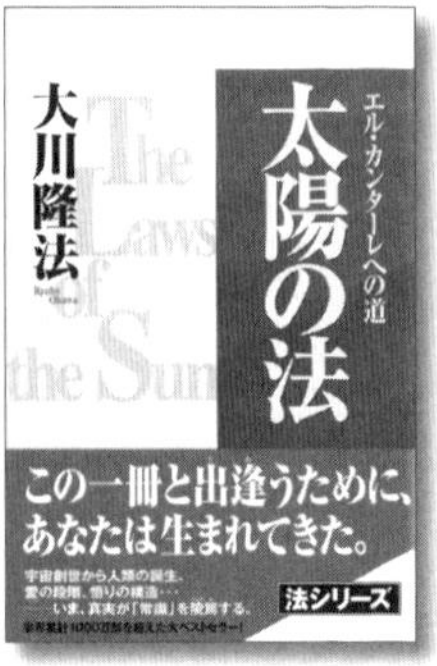


創世記や愛の段階、悟りの構造、文明の流転を明快に説き、主エル・カンターレの真実の使命を示した、仏法真理の基本書。

2,000円

# 黄金の法

### エル・カンターレの歴史観

歴史上の偉人たちの活躍を鳥瞰しつつ、隠されていた人類の秘史を公開し、人類の未来をも予言した、空前絶後の時間論。

2,000円

# 永遠の法

### エル・カンターレの世界観

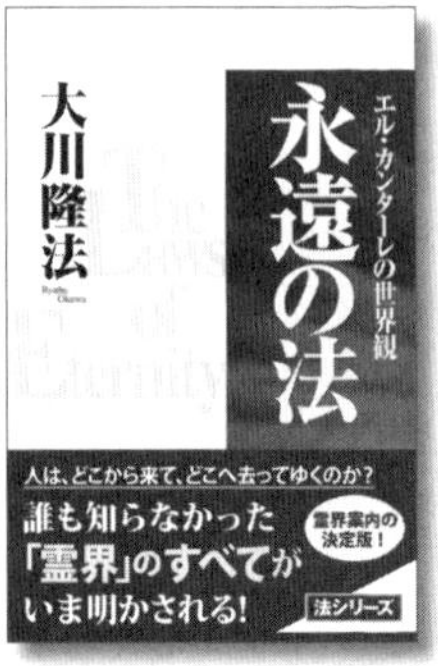


『太陽の法』（法体系）、『黄金の法』（時間論）に続いて、本書は、空間論を開示し、次元構造など、霊界の真の姿を明確に解き明かす。

2,000円

※表示価格は本体価格（税別）です。

## 幸福の科学大学創立者の精神を学ぶⅠ（概論）

**宗教的精神に基づく学問とは何か**

財政悪化を招く日本の大学の経済学、自虐史観につながる戦後の歴史教育。戦後 69 年が経った今、諸学問を再構成し、世界の新しい未来を創造する方法。

1,500円

## 幸福の科学大学創立者の精神を学ぶⅡ（概論）

**普遍的真理への終わりなき探究**

学問の本質とは、「知を愛する心」。真の幸福学とは、「宗教的真理の探究」。知識量の増大と専門分化が進む現代において、本質を見抜く、新しい学問とは。

1,500円

## 新しき大学の理念

**「幸福の科学大学」がめざす**
**ニュー・フロンティア**

「創造性」「チャレンジ精神」「未来へ貢献する心」を持ち、現在ある学問の力も総動員して、ニュー・フロンティアを目指す。日本の大学教育に新風を吹き込む一冊。

1,400円

## 大川隆法ベストセラーズ・「幸福の科学」学

# 宗教学から観た「幸福の科学」学・入門

**立宗 27 年目の未来型宗教を分析する**

幸福の科学とは、どんな宗教なのか。教義や活動の特徴とは？　他の宗教との違いとは？　総裁自らが、宗教学の見地から「幸福の科学」を分析する。

1,500円

# 幸福の科学の基本教義とは何か

**真理と信仰をめぐる幸福論**

進化し続ける幸福の科学――本当の幸福とは何か。永遠の真理とは？　信仰とは何なのか？　総裁自らが説き明かす未来型宗教を知るためのヒント。

1,500円

# 比較宗教学から観た「幸福の科学」学・入門

**性のタブーと結婚・出家制度**

小乗仏教の戒律の功罪や、同性婚、代理出産、クローンなどの人類の新しい課題に対して、比較宗教学の視点から、仏陀の真意を検証する。

1,500円

※表示価格は本体価格（税別）です。

## 大川隆法シリーズ・幸福の科学大学シリーズ 最新刊

# 幸福学概論

個人の幸福から企業・組織の幸福、そして国家と世界の幸福まで、1600冊を超える著書で説かれた縦横無尽な「幸福論」のエッセンスがこの一冊に!

1,500円

# 「成功の心理学」講義

### 成功者に共通する「心の法則」とは何か

この「成功の心理学」を学ぶかどうかで、その後の人生が大きく分かれる!
「心のカーナビ」を身につけ、「成功の地図」を描く方法とは?

1,500円

# 宗教社会学概論

### 人生と死後の幸福学

「仏教」「キリスト教」「イスラム教」「儒教」「ヒンドゥー教」「ユダヤ教」「日本神道」それぞれの成り立ち、共通項を導きだし、正しい宗教教養を磨く。

1,500円

幸福の科学出版

Noblesse《ノーブレス》 Oblige《オブリージ》

「高貴なる義務」を果たす、
「真のエリート」を目指せ。

# 幸福の科学学園
## 中学校・高等学校（那須本校）

Happy Science Academy Junior and Senior High School

私は、
教育が人間を創ると
信じている一人である。
若い人たちに、
夢とロマンと、精進、
勇気の大切さを伝えたい。
この国を、全世界を、
ユートピアに変えていく力を
出してもらいたいのだ。

（幸福の科学学園 創立記念碑より）

幸福の科学学園 創立者

大川隆法

幸福の科学学園（那須本校）は、幸福の科学の教育理念のもとにつくられた、男女共学、全寮制の中学校・高等学校です。自由闊達な校風のもと、「高度な知性」と「徳育」を融合させ、社会に貢献するリーダーの養成を目指しており、2014年4月には開校四周年を迎えました。

Noblesse《ノーブレス》 Oblige《オブリージ》

「高貴なる義務」を果たす、
「真のエリート」を目指せ。

2013年 春 開校

# 幸福の科学学園 関西中学校・高等学校

Happy Science Academy
Kansai Junior and Senior High School

私は日本に
真のエリート校を創り、
世界の模範としたい
という気概に満ちている。
『幸福の科学学園』は、
私の『希望』であり、
『宝』でもある。
世界を変えていく、
多才かつ多彩な人材が、
今後、数限りなく
輩出されていくことだろう。
（幸福の科学学園関西校 創立記念碑より）

幸福の科学学園 創立者
大川隆法

滋賀県大津市、美しい琵琶湖の西岸に建つ幸福の科学学園（関西校）は、男女共学、通学も入寮も可能な中学校・高等学校です。発展・繁栄を校風とし、宗教教育や企業家教育を通して、学力と企業家精神、徳力を備えた、未来の世界に責任を持つ「世界のリーダー」を輩出することを目指しています。

# 幸福の科学学園・教育の特色

## 「徳ある英才」の創造

教科「宗教」で真理を学び、行事や部活動、寮を含めた学校生活全体で実修して、ノーブレス・オブリージ(高貴なる義務)を果たす「徳ある英才」を育てていきます。

体育祭

## 天分を伸ばす「創造性教育」

教科「探究創造」で、偉人学習に力を入れると共に、日本文化や国際コミュニケーションなどの教養教育を施すことで、各自が自分の使命・理想像を発見できるよう導きます。さらに高大連携教育で、知識のみならず、知識の応用能力も磨き、企業家精神も養成します。芸術面にも力を入れます。

探究創造科発表会

## 一人ひとりの進度に合わせた「きめ細やかな進学指導」

熱意溢れる上質の授業をベースに、一人ひとりの強みと弱みを分析して対策を立てます。強みを伸ばす「特別講習」や、弱点を分かるところまでさかのぼって克服する「補講」や「個別指導」で、第一志望に合格する進学指導を実現します。

授業の様子

## 自立心と友情を育てる「寮制」

寮は、真なる自立を促し、信じ合える仲間をつくる場です。親元を離れ、団体生活を送ることで、縦・横の関係を学び、力強い自立心と友情、社会性を養います。

毎朝夕のお祈りの時間

# 幸福の科学学園の進学指導

## 1 英数先行型授業

受験に大切な英語と数学を特に重視。「わかる」(解法理解)まで教え、「できる」(解法応用)、「点がとれる」(スピード訓練)まで繰り返し演習しながら、高校三年間の内容を高校二年までにマスター。高校二年からの文理別科目も余裕で仕上げられる効率的学習設計です。

## 2 習熟度別授業

英語・数学は、中学一年から習熟度別クラス編成による授業を実施。生徒のレベルに応じてきめ細やかに指導します。各教科ごとに作成された学習計画と、合格までのロードマップに基づいて、大学受験に向けた学力強化を図ります。

## 3 基礎力強化の補講と個別指導

基礎レベルの強化が必要な生徒には、放課後や夕食後の時間に、英数中心の補講を実施。特に数学においては、授業の中で行われる確認テストで合格に満たない場合は、できるまで徹底した補講を行います。さらに、カフェテリアなどでの質疑対応の形で個別指導も行います。

## 4 特別講習

夏期・冬期の休業中には、中学一年から高校二年まで、特別講習を実施。中学生は国・数・英の三教科を中心に、高校一年からは五教科でそれぞれ実力別に分けた講座を開講し、実力養成を図ります。高校二年からは、春期講習会も実施し、大学受験に向けて、より強化します。

## 5 幸福の科学大学(仮称・設置認可申請中)への進学

二〇一五年四月開学予定の幸福の科学大学への進学を目指す生徒を対象に、推薦制度を設ける予定です。留学用英語や専門基礎の先取りなど、社会で役立つ学問の基礎を指導します。

授業の様子

**詳しい内容、パンフレット、募集要項のお申し込みは下記まで。**

**幸福の科学学園 関西中学校・高等学校**

〒520-0248
滋賀県大津市仰木の里東2-16-1
TEL.077-573-7774
FAX.077-573-7775
[公式サイト]
www.kansai.happy-science.ac.jp
[お問い合わせ]
info-kansai@happy-science.ac.jp

**幸福の科学学園 中学校・高等学校**

〒329-3434
栃木県那須郡那須町梁瀬 487-1
TEL.0287-75-7777
FAX.0287-75-7779
[公式サイト]
www.happy-science.ac.jp
[お問い合わせ]
info-js@happy-science.ac.jp

仏法真理塾

# サクセスNo.1

未来の菩薩を育て、仏国土ユートピアを目指す！

## 仏法真理塾「サクセスNo.1」とは

宗教法人幸福の科学による信仰教育の機関です。信仰教育・徳育にウエイトを置きつつ、将来、社会人として活躍するための学力養成にも力を注いでいます。

サクセスNo.1 東京本校（戸越精舎内）

「サクセス№1」のねらいには、「仏法真理と子どもの教育面での成長とを一体化させる」ということが根本にあるのです。

大川隆法総裁　御法話「『サクセス№1』の精神」より

# 仏法真理塾「サクセスNo.1」の教育について

## 信仰教育が育む健全な心

御法話拝聴や祈願、経典の学習会などを通して、仏の子としての「正しい心」を学びます。

## 学業修行で学力を伸ばす

忍耐力や集中力、克己心を磨き、努力によって道を拓く喜びを体得します。

## 法友との交流で友情を築く

塾生同士の交流も活発です。お互いに信仰の価値観を共有するなかで、深い友情が育まれます。

●サクセスNo.1は全国に、本校・拠点・支部校を展開しています。

| 校名 | TEL | FAX |
|---|---|---|
| 東京本校 | 03-5750-0747 | 03-5750-0737 |
| 名古屋本校 | 052-930-6389 | 052-930-6390 |
| 大阪本校 | 06-6271-7787 | 06-6271-7831 |
| 京滋本校 | 075-694-1777 | 075-661-8864 |
| 神戸本校 | 078-381-6227 | 078-381-6228 |
| 西東京本校 | 042-643-0722 | 042-643-0723 |
| 札幌本校 | 011-768-7734 | 011-768-7738 |
| 福岡本校 | 092-732-7200 | 092-732-7110 |
| 宇都宮本校 | 028-611-4780 | 028-611-4781 |
| 高松本校 | 087-811-2775 | 087-821-9177 |
| 沖縄本校 | 098-917-0472 | 098-917-0473 |
| 広島拠点 | 090-4913-7771 | 082-533-7733 |
| 岡山本校 | 086-207-2070 | 086-207-2033 |
| 北陸拠点 | 080-3460-3754 | 076-464-1341 |
| 大宮拠点 | 048-778-9047 | 048-778-9047 |

全国支部校のお問い合わせは、
サクセスNo.1 東京本校（TEL. 03-5750-0747）まで。

メール info@success.irh.jp

# エンゼルプランV

信仰教育をベースに、知育や創造活動も行っています。

信仰に基づいて、幼児の心を豊かに育む情操教育を行っています。また、知育や創造活動を通して、ひとりひとりの子どもの個性を大切に伸ばします。お母さんたちの心の交流の場ともなっています。

TEL 03-5750-0757　FAX 03-5750-0767
メール angel-plan-v@kofuku-no-kagaku.or.jp

# ネバー・マインド

不登校の子どもたちを支援するスクール。

「ネバー・マインド」とは、幸福の科学グループの不登校児支援スクールです。「信仰教育」と「学業支援」「体力増強」を柱に、合宿をはじめとするさまざまなプログラムで、再登校へのチャレンジと、進路先の受験対策指導、生活リズムの改善、心の通う仲間づくりを応援します。

TEL 03-5750-1741　FAX 03-5750-0734
メール nevermind@happy-science.org

## ユー・アー・エンゼル!(あなたは天使!)運動

障害児の不安や悩みに取り組み、ご両親を励まし、勇気づける、障害児支援のボランティア運動です。学生や経験豊富なボランティアを中心に、全国各地で、障害児向けの信仰教育を行っています。保護者向けには、交流会や、医療者・特別支援教育者による勉強会、メール相談を行っています。

TEL 03-5750-1741　FAX 03-5750-0734
メール you-are-angel@happy-science.org

## シニア・プラン21

生涯反省で人生を再生・新生し、希望に満ちた生涯現役人生を生きる仏法真理道場です。週1回、開催される研修には、年齢を問わず、多くの方が参加しています。現在、全国8カ所（東京、名古屋、大阪、福岡、新潟、仙台、札幌、千葉）で開校中です。

東京校 TEL 03-6384-0778　FAX 03-6384-0779
メール senior-plan@kofuku-no-kagaku.or.jp